Andalusien

Impressionen & Gedanken

Ein Reisebericht von

Chris Marfield

Buch

Andalusien, dieser wunderschöne Fleck in Spanien, der Gedanken an die schönen und genussvollen Dinge hervorruft. Stolzer Flamenco, mächtige Kathedralen, atemberaubende Landschaften und ein Klima, von dem wir in Deutschland nur träumen können.

Dieser Reisebericht beschreibt eine Rundreise in Andalusien und schildert die Eindrücke und Gedanken, geprägt durch die Erlebnisse und Begegnungen auf dieser Reise.

Autor

Chris Marfield ist 1970 in Hannover geboren und aufgewachsen. Heute lebt und arbeitet er in Berlin.

Chris Marfield

Andalusien
Impressionen & Gedanken

Bibliografische Information der Deutschen Nationalbibliothek:
Die Deutsche Nationalbibliothek verzeichnet diese Publikation in der Deutschen Nationalbibliografie; detaillierte bibliografische Daten sind im Internet über http://dnb.dnb.de abrufbar.

1. Auflage

E-Mail: chris.marfield@gmail.com

Herstellung und Verlag: BoD – Books on Demand, Norderstedt

ISBN: 978-3-7519-7313-7

Inhalt

Vorwort

Jeder Mensch durchlebt in seinem Leben Situationen, die zu einem Umbruch führen. Manchmal führt dieser Umbruch zu etwas Gutem, manchmal zu etwas Schlechtem. Es ist etwas Neues, Ungewisses, was einen zweifeln lässt, weil man nicht weiß, was in dem vor sich liegenden Nebel wartet.

Inmitten eines solchen Umbruchs habe ich mich zu einer individuellen Reise in Andalusien entschlossen. Dieses Buch enthält Schilderungen von Gedanken und Eindrücken, während meiner Reise in diesem wunderbaren Teil Spaniens.

Anreise

Ich saß im Check Inn Bereich und betrachtete die großen Fenster des Gebäudes, wo der Regen gegen prasselte und in Rinnsalen am Glas hinunterlief. Schon lange habe ich von dieser Reise geträumt, bis ich an den Punkt kam, an dem ich mich fragte, warum ich nicht einfach fliegen sollte. Also warf ich vor zwei Wochen einen Blick ins Internet und sah mich nach Flügen um. Ich verglich die Angebote der bekannten Flugsuchmaschinen, wie Kajak, Skyscanner und einige andere. Als mich ein Flugpreis von unter 200 Euro angelacht hat, konnte ich es kaum fassen und buchte, ohne weiter darüber nachzudenken. Ein Mietwagen war über den ADAC schnell gefunden und beim Hotel hatte ich freie Auswahl. November ist nicht gerade die Zeit, wo Spanien überlaufen ist, somit waren mir preiswerte Hotels fast sicher.

Schon oft war ich in Spanien, allerdings nur als Pauschaltourist in den bekannten Urlaubsorten, wie den Balearen, den Kanaren oder auch der Costa Brava. Doch nie habe ich in diesem Land eine Individualreise gemacht.

In den letzten zwei Wochen hatte ich die Reise einige Male gedanklich durchgespielt und fragte mich immer wieder, ob ich die Spiritualität finden würde, die mir zu Hause verborgen blieb. Nun, wo ich hier saß, mit Blick in den grauen Himmel und den prasselnden Regen, war die Spiritualität noch weit entfernt.

Eine junge Frau saß zwei Reihen vor mir und beobachtete mich. Sie hatte volle Lippen und eine leicht ausladende Figur. Ich vermutete, dass sie Schweizerin war, was nahe lag, da der Flug nach Málaga über Zürich ging. Sie saß alleine, nur mit einer kleinen Reisetasche auf ihrem Schoß. In derselben Reihe saß eine Familie mit einem kleinen Kind, ausgelassen in Urlaubsstimmung.

Das Boarding stand kurz bevor und die Schweizerin ging noch einmal auf die Toilette, der Mann der Familie tat es ihr gleich. Als sie zurückkam, setzte sie sich zwei Sitze neben dem Kind, der Mann kam zurück und setzte sich zwangsläufig neben ihr, was der sympathischen Schweizerin sichtlich peinlich war.

Als es ins Flugzeug ging, fand ich schnell meinen Sitz. Viele Plätze blieben unbesetzt, so auch die beiden neben mir. Ich nutzte die seltene Freiheit und breitete mich großzügig aus, so wie es sonst der Anstand verbieten würde, wenn jemand neben einem sitzt.

Ich nahm eine Börsenzeitschrift, die ich mir am Flughafen gekauft hatte, blätterte ein wenig darin und schmiedete Investitionspläne. Es waren diese kleinen Gewohnheiten und Rituale, in die ich mich gerne flüchtete, um mich in neuen Situationen etwas sicherer zu fühlen.

Als das Flugzeug durch die Wolken stieß, schien ein grelles Licht warm auf mein Gesicht. Ich sah aus dem Fenster und betrachtete die aufgehende Novembersonne. Hell drang sie durch die Wolken und färbte langsam den Himmel von dem tristen Grau in ein helles leuchtendes Blau. Durch das monotone Brummen der Triebwerke und die Entspannung, die sich eingestellt hatte, schlief ich ein.

Der Zwischenstopp in Zürich verlief reibungslos und ohne Verzögerungen. Als ich dann in Malaga gelandet war, holte ich als Erstes den Leihwagen am Flughafen ab. Ich buchte noch ein Upgrade bei der Versicherung, da bei der regulären Vollkaskoversicherung keine Reifenschäden oder Steinschlag abgedeckt waren. Die Fahrzeugübergabe verlief zügig und ehe ich mich versah, war ich in meinem kleinen Opel Corsa Richtung Marbella unterwegs. Auf der Autobahn ging es hektisch zu, die Autos fuhren ungeduldig und sparten nicht mit temperamentvollem Hupen. Ich versuchte mich zu orientieren, verärgerte manch einen Verkehrsteilnehmer, der im Feierabendverkehr zügig nach Hause wollte.

Blick aus dem Flugzeug

Je mehr ich mich vom Flughafen entfernte, umso entspannter wurde es. Jetzt war die Zeit gekommen, um durchzuatmen und die Sonne zu genießen, der ich gut gelaunt entgegenfuhr.

Marbella

Das Hotel, mit einem eher zweckmäßigen Zimmer, lag in der Nähe der Strandpromenade. Es stammte aus den 70er-Jahren, als der Tourismus anfing zu boomen und solche Bauten in Windeseile hochgezogen wurden. Ein schlichter Betonkasten, der sich zwischen den anderen Bettenburgen einreihte, welche sich über der Uferpromenade aufbauten.

Vom Balkon konnte ich auf das Meer sehen. Palmen säumten den Strand und bildeten mit dem blauen Meer ein traumhaftes Panorama, wo sich die letzten Sonnenstrahlen auf dem Wasser spiegelten, bevor sie von einigen Wolken verdeckt wurden.

Nach einem Einkauf, der aus einem Stück Kuchen, zwei Flaschen Wasser und einer Flasche San Miguel bestand, machte ich mich zu einem Spaziergang am Meer auf. Die Strandpromenade wirkte auf mich in der Nebensaison etwas trostlos. Es war leicht bewölkt, etwa 17 Grad. Nur wenige Menschen verirrten sich jetzt hierher. Im Gegensatz zur Hauptsaison, wo sich die Menschenmassen bei strahlendem Sonnenschein tummelten, schien der Ort nun in einem tiefen Winterschlaf zu liegen.

Ich sah mich um und betrachtete die Kontraste um mich herum. Auf der einen Seite ein wunderschöner Strand und ein herrlicher Blick auf das weite Meer; auf der anderen Seite die Hotelburgen, wie man sie in vielen Urlaubsorten Spaniens findet.

Ausblick vom Balkon

Ich ließ die Promenade hinter mir und spazierte durch einen Park, der mich durch die Bettenburgen Richtung Altstadt führte. Auf den ersten Blick war der Park unscheinbar und schien vom umgebenden Beton erdrückt zu werden. Dann blendete ich die Umgebung aus und sah mich um. Zu meiner Überraschung offenbarte der Park einen gewissen Charme, der ihn durchaus zu einer beachtenswerten Sehenswürdigkeit machte. Wie in einer Allee standen Palmen, umrundet von akkurat geschnittenen Hecken, und in der Mitte reihten sich Bronzestatuen von Salvador Dalí aneinander. Während ich die Skulpturen betrachtete, empfand ich ein ähnliches Gefühl, wie beim Betrachten seiner Bilder. Im ersten Moment glaubte ich zu verstehen, was er ausdrücken wollte, dann war ich mir nicht mehr sicher und interpretierte seine Kunst so, wie ich sie sah. Keine Ahnung, ob ich tatsächlich das interpretierte, was er sagen wollte … vielleicht wollte er auch nur die Leute inspirieren, sich ihre eigenen Gedanken zu machen. Eines hat er auf jeden Fall erreicht. Ich war begeistert von den Skulpturen.

Dalí sculptures

Weiter ging es in die Altstadt und das Straßenbild änderte sich. Aus breiten Straßen wurden schmale Gassen, aus erdrückenden Betonbauten wurden

Häuser mit Balkongeländern aus geschwungenem Metall und einer Straßenbeleuchtung, bei der ich mich nicht gewundert hätte, wenn nachts noch Kerzen angezündet worden wären. Hier spürte ich die Geschichte und war vom ersten Moment an ergriffen. Ich schlenderte über das Kopfsteinpflaster, vorbei an Restaurants und Tapas-Bars, betrachtete die mit Blumen geschmückten Häuser. Die meisten Gebäude sahen sehr alt aus, waren aber so gepflegt, dass sie erst vor einem Tag hätten gebaut sein können. Wie auf einer Zeitreise schlenderte ich durch die Gassen mit den liebevoll gestalteten Gärten und dem gepflegten Grün.

Zufrieden mit diesem ersten Eindruck kehrte ich ins Hotel zurück, um den zuvor gekauften Kuchen zu essen, den ich mit etwas Wasser hinunterspülte. Ich ließ meine ersten Gedanken Revue passieren und musste das Ankommen noch realisieren. Die vielen Eindrücke des Tages machten mich sehr müde und als ich auf dem Bett lag und nach draußen in die tief stehende Sonne schaute, überkam es mich und ich schlief ein.

Als ich aufwachte, war es bereits dunkel. Das Rauschen des Meeres klang durch das Zimmer und an der Wand war das sanft schimmernde Licht des Mondes zu sehen, das sich auf den leichten Wogen des Meeres spiegelte.

Nach einer kurzen Dusche ging ich wieder in Richtung Altstadt, spazierte durch einen Park und war begeistert von den vielen kleinen Details, die mir ins Auge fielen. Eine Bank mit Mosaiken wirkte orientalisch, daneben eine Bank aus verziertem Metall. Es waren völlig unterschiedliche Stile, die zusammen auf diesem Platz so harmonisch wirkten, als gehörten sie zusammen.

Park

Am Rande der Altstadt kam ich an einer alten Burg vorbei, die noch aus der Zeit der Maurenherrschaft stammte. Eine Mauer umgab einen großen Teil des Areals, tausendjährige Geschichte wurde erhalten und prägte das Bild dieser Altstadt.

Ich fragte mich, wie es wohl war, als hier die Mauren herrschten. Ging es den Menschen besser oder waren sie unglücklich? Wie war es, als die Mauren wieder fort waren? Ich konnte mir gut vorstellen, dass die Menschen ein großes Gefühl von Freiheit hatten, als die Eroberer vertrieben waren. Vielleicht hatte es für die Menschen auch gar nicht die Bedeutung, wie ich es mir vorstellte, da sie möglicherweise andere Sorgen hatten. Wahrscheinlich war ich gar nicht in der Lage, mir das wirklich vorzustellen, da meine weit entfernte Wahrnehmung eine völlig andere war, als die der Menschen damals.

In der Mitte der Altstadt stand die Kirche la Encarnación, davor ein Platz mit Orangenbäumen. Hier gefiel es mir, also ließ ich mich in einem Restaurant nieder. Ich beobachtete die Straße, die wie ausgestorben war, und bestellte die Empfehlung des Hauses, die mir der freundliche Kellner mit Begeisterung beschrieb. Nach dem Essen trank ich noch zwei Bier und machte mir Gedanken über die Weiterfahrt.

Ich wollte mir Gibraltar ansehen und dann nach Jerez fahren, nicht sicher, ob die Zeit nicht etwas knapp werden könnte. Allerdings konnte ich mir nicht vorstellen, dass es in Gibraltar viel zu sehen gab außer den Ausblick auf Marokko.

Als ich zurück im Hotel war, buchte ich über HRS für den nächsten Tag mein Hotel in Jerez und trank anschließend die Flasche San Miguel, während ich auf das dunkle Meer schaute, in das der Mond hell hineingelacht hat. Ich dachte an die regennassen Fenster am Flughafen und es kam mir vor, als wäre es eine Ewigkeit her, dabei war es noch am Morgen. Nun spürte ich ein wenig Aufregung und freute mich auf den nächsten Tag, wo das Abenteuer auf mich wartete.

Kirche la Encarnación

Gibraltar

Ungeduldig checkte ich ohne Frühstück aus. Abenteuerstimmung hatte sich in mir breitgemacht, ich spürte den Nervenkitzel, der mich in Euphorie versetzte.

Auf dem Weg zum Auto ging ich die Strandpromenade entlang, die gar nicht mehr so grau wirkte wie am Vortag. Es war ein herrlich sonniger Tag, was mir das Gefühl gab, nun endgültig in Spanien angekommen zu sein.

Die Fahrt nach Gibraltar gestaltete sich als unkompliziert. War die Autobahn vom Flughafen nach Marbella am Vortag noch voller aufbrausender Autofahrer, so war es von Marbella nach Gibraltar tiefenentspannt. Nur wenige Autos waren unterwegs, daher konnte ich langsam fahren, ohne jemanden zu stören, und die Landschaft genießen.

Ich war nicht einmal eine Stunde unterwegs und Gibraltar noch etwa 50 Kilometer entfernt, als ich den Felsen in der Ferne schon gut erkennen konnte. Mächtig erhob er sich über der kargen Landschaft und löste in mir eine Mischung aus Bewunderung und Respekt aus.

Beeindruckt von der Schönheit dieser Gegend, fuhr ich gut gelaunt in der angenehmsten spanischen Sonne dem Ende Europas entgegen.

Auf der Fahrt nach Gibraltar

Auf der spanischen Seite war schnell ein Parkplatz gefunden und so gönnte ich mir zwei Frühstücksburger und einen Kaffee bei McDonalds. Ich checkte noch E-Mails und WhatsApp auf meinem Handy, dann spazierte ich los.

Zum Glück hatte ich meine Joggingschuhe angezogen, denn ich beschloss spontan, diesen imposanten und sympathischen Felsen zu Fuß zu erklimmen.

Nach der Grenzkontrolle stand ich vor einer roten Ampel und kam aus dem Staunen nicht mehr heraus, als direkt vor meiner Nase ein Flugzeug abhob. Der

Weg nach Gibraltar führte über die Start- und Landebahn des Flughafens und jedes Mal, wenn ein Flugzeug startete oder landete, ging die rote Ampel an und die Leute mussten warten. Das war eine der kuriosesten Szenen in meinem Leben, die ich nie vergessen werde.

Landebahn

Anschließend ging es durch die Stadt in Richtung Upper Rock. Ich trennte mich von den Menschenmassen, die in die Einkaufsstraße strömten, ging links die Treppe hoch und folgte der Beschilderung zum Wanderweg.

Als ich an einem kleinen Shop vorbeikam, kaufte ich noch zwei Flaschen Wasser. Später stellte ich fest, dass es eine gute Entscheidung war, denn es gab keine andere Gelegenheit mehr.

Ich kämpfte mich eine schier endlose Zahl von Stufen hinauf. Es tat mir gut, die Anstrengung, die Schmerzen in den Beinen, das schnell schlagende Herz. Es machte mir gute Laune, obwohl ich erst am Anfang stand und noch nicht wusste, was auf mich zukommen würde.

Weg zum Upper Rock

Am Fuße des Felsens stieß ich auf eine Straße, die sich in Serpentinen nach oben schlängelte. Ich folgte dieser Straße, ohne eine Ahnung zu haben, wie lang sie sein würde. Es ging steil bergauf und ich konnte überhaupt nicht einschätzen, ob ich mich bei dieser Wanderung überanstrengen würde. Dummerweise hatte ich mich im Vorfeld nicht ausreichend informiert, was mir nun diese Ungewissheit einbrachte. Andererseits tat mir das Gefühl gut, unvorbereitet zu sein. Ich genoss den Nervenkitzel und die brennen-den Oberschenkel beim Aufstieg.

Dann erreichte ich die erste Sehenswürdigkeit, eine alte Verteidigungsanlage. Nicht nur an dieser Stelle waren starke Mauern und Befestigungen zu sehen, die von einem entschlossenen Verteidigungswillen zeugten.

Verteidigungsanlage

Als ich meinen Weg fortsetzte, wurde die Straße noch steiler. Das Atmen fiel schwerer, die Steigungen waren teilweise extrem. Es machte mir unendlich viel Spaß, diese Anstrengung inmitten dieser wunder-schönen Natur zu erleben. An einigen Aussichtsplatt-formen machte ich Halt und genoss den herrlichen Ausblick über Spanien und auf der anderen Seite bis nach Marokko. Spätestens zu diesem Zeitpunkt hatte ich diesen Ort in mein Herz geschlossen.

Neben der Euphorie für diesen Ort wuchs auch das Gefühl von Abenteuer. Überall hingen Schilder mit Warnungen, die Affen nicht zu füttern und ich fragte mich, ob nicht jeden Moment ein Affe aus dem Gebüsch springen würde.

An der Seilbahnstation angekommen, machte ich meinen ersten längeren Halt. Ich schlenderte ein wenig an der Mauer entlang, als plötzlich ein Affe von einem Baum direkt auf die Mauer sprang, mich aber nicht weiter beachtete und seinen Weg fortsetzte. Dann entdeckte ich weitere Affen, eine ganze Familie, die sich dort tummelte.

Ausblick auf Spanien

Ich genoss den herrlichen Ausblick auf das weite Meer, das in der Mittagssonne glitzerte. Dann überlegte ich, ob es nicht besser wäre, umzukehren, denn das schien der Gipfel zu sein. Ich entschied mich aber den Weg weiter zu gehen, vielleicht kam ja noch etwas. Tatsächlich ging es weiter, ich war noch nicht am Ende. Weitere Steigungen folgten, das Knie schmerzte, die Wade zwickte, aber ich fühlte mich gut. Schließlich kam ich an einen weiteren Gipfel und kletterte hinauf, um eine Rast einzulegen und die Aussicht zu genießen.

Ich wollte mich von diesem Augenblick nicht trennen, fasziniert von der Aussicht auf die weite Landschaft und dem mächtigen Felsen. Ich lehnte mich an das Geländer und schaute hinunter. Hunderte Meter ging es nach unten.

So schön es dort oben auch war, musste ich doch irgendwann wieder zurück und so überlegte ich, ob ich nicht den Weg zurückgehen sollte, den ich gekommen war; aber irgendwie ging es doch noch weiter und meine Neugier siegte.

Also folgte ich dem Weg und siehe da, es ging immer noch weiter. Ich setzte meine Wanderung fort und kam nun zum wirklich letzten Gipfel des Felsens. Hier wäre es an der Zeit gewesen, umzukehren und auf der Straße die schöne Aussicht beim Abstieg zu genießen, doch da entdeckte ich Treppen, die auf der anderen Seite des Felsens nach unten führten.

Ich überlegte nicht lange und stieg die Stufen hinunter. Es hätte mir keine Ruhe gelassen, nicht zu wissen, was dort noch gewesen wäre.

Blick auf die Gipfel

Die Treppen waren teilweise ziemlich steil und es war oft mehr Klettern als Treppensteigen. Dicht am Fels entlang ging es abwärts, atemberaubend schön war der Ausblick. Ich ging nun teils über Treppen, teils über schmale Pfade.

Ab und zu begegneten mir Wanderer. Sie grüßten freundlich und alle hatten trotz der Anstrengung ein Lächeln im Gesicht.

Ein Pfad führte mich durch Geröll, teilweise auch durch Büsche, fast wie durch einen Wald, bis ich schließlich zum Aussichtspunkt Upper Rock kam, der den besten Blick nach Afrika bot.

Von dort ging ich die Straße abwärts Richtung Stadt, verlief mich ein paar Mal und kam nach insgesamt fünf Stunden wieder unten am Grenzübergang an.

Ich war fast ein bisschen traurig, dass es vorbei war, und überlegte, ob ich am Ende meiner Tour noch Zeit finden würde, ein weiteres Mal hierher zu kommen. Diesen Ort hätte ich gerne noch einmal erlebt. Hier hatte ich es nach langer Zeit geschafft, an nichts anderes zu denken, als an den Augenblick, und jeder Augenblick hier war kostbar.

Über die Autobahn fuhr ich durch die trockene und wunderschöne andalusische Steppe, die mich umgab wie in einem Western, wo der Reiter einsam durch die Prärie trabt. Fast fühlte ich mich wie dieser einsame Reiter, der durch Freiheit und Abenteuer in den Sonnenuntergang reitet.

Jerez

Jerez wirkte auf mich wie eine Stadt aus einem traditionellen spanischen Spielfilm. Schöne alte Häuser, Orangenbäume auf den Bürgersteigen und jede Menge Gelassenheit.

Als ich im Hotel eincheckte, stellte ich fest, dass man in dieser Gegend mit Englisch nicht weit kommt. Also kramte ich meine rudimentären Spanischkenntnisse aus einer verstaubten Ecke meines Gehirns und siehe da, es klappte. Ich brachte zwar kaum einen zusammenhängenden Satz heraus, aber die Menschen waren so freundlich und gelassen, dass die Verständigung am Ende funktioniert hat. Zumindest hatte ich die Wegbeschreibung des Rezeptionisten zur hoteleigenen Parkgarage verstanden.

Auch wenn das Hotel eher zweckmäßig als luxuriös war, fühlte ich mich pudelwohl. Es war einfach, aber ein Original mit einem Charme, dem ich nicht widerstehen konnte.

Nachdem ich mich etwas ausgeruht hatte, machte ich mich auf die Suche nach einem Restaurant. Ein wenig verlaufen habe ich mich natürlich, da war ich eine zuverlässige Konstante, aber schließlich wurde ich fündig. Mitten in der Stadt gab es einen großen Platz, der Plaza del Arenal hieß. Um den Platz herum standen schöne alte Gebäude, Palmen ringsherum und in der Mitte eine Art Weihnachtspyramide.

Plaza del Arenal

Ich setzte mich in ein Restaurant mit Blick auf den Platz. Es war rustikal und einfach, mit unverputzten

Steinwänden und dunklen Holztischen. Eine Gruppe von Männern saß gemütlich an einem großen Tisch und unterhielt sich entspannt. Aus den Wortfetzen, die ich verstand, schloss ich, dass es um regionale Politik ging. Einer der Männer erzählte resigniert von einer Entscheidung der Regierung zur Wirtschaft, die ihn offensichtlich nicht glücklich machte. Ein anderer pflichtete ihm bei mit nachdenklichem Blick auf das Rotweinglas in seiner Hand. Einige der Männer waren offenbar ohne Arbeit, das waren noch die Nachwirkungen der Finanzkrise, von der sich das Land nicht wirklich erholt hatte.

Nachdem ich das leckere Essen gierig verschlungen hatte, trank ich noch ein Glas Wein und ließ den aufregenden Tag Revue passieren. Es waren so viele Eindrücke, die mich begeisterten und mir ein Hochgefühl gaben. Ich spürte die körperliche Anstrengung in meinen Knochen, es fühlte sich gut an. Die Menschen hatten mit ihrer natürlichen Freundlichkeit und Gelassenheit meine Sympathie gewonnen.

Da es schon spät war und ich am nächsten Tag noch einiges vorhatte, ging ich zurück ins Hotel und fiel todmüde ins Bett.

Früh am Morgen stand ich auf, um die Stadt zu erkunden. Als Erstes ging ich zu dem großen Platz, wo ich am Vortag gegessen hatte und begann eine planlose Sightseeingtour.

Ich marschierte los und kam am Alcázar vorbei, wo ich allerdings nicht hineinging, es hätte mich auch gewundert, wenn es so früh am Morgen schon offen gewesen wäre.

Dann kam ich zur Kathedrale von Jerez, die einen imposanten Eindruck auf mich machte. In der Bauweise ließen sich die Einflüsse des Orients gut erkennen. Die Kuppel erinnerte mich an eine Moschee, was die Kathedrale tatsächlich einmal war.

Kathedrale von Jerez

Im Zentrum waren für einen Montagmorgen viele Menschen unterwegs, die nicht unbedingt zielgerichtet wirkten. Zu Hause in Deutschland sind die Menschen alle zielstrebig auf dem Weg irgendwo hin. Zur Arbeit, zu Terminen oder sogar zum Arzt hetzen die Menschen hektisch, als ginge es um ihr Leben. Hier war alles entspannt, die Menschen schlenderten gemächlich durch die Straßen, als hätten sie alle Zeit der Welt.

Als ich an einer alten Kneipe vorbeikam, viel mir ein, dass es Zeit zum Frühstücken war, also kehrte ich ein. Es war ein uriges Lokal, gemauerte Rundbögen dienten als Durchgang, eine lange Theke mit Holzhockern davor. Ein älterer Herr las dort seine Zeitung und trank einen Kaffee. Ich machte es mir an einem Holztisch bequem, der zwischen zwei Weinfässern stand.

Frühstück in der Kneipe

Dann bestellte ich in meinem Stolperspanisch ein Brötchen, das mir getoastet wurde, und Leberpastete, die mir in einer großen Dose mit dem Brötchen serviert wurde. Ich musste schmunzeln, aber mir gefiel die Einfachheit, genau das Richtige an diesem Tag, an diesem Morgen. Dankbar genoss ich das Frühstück.

Auf dem Rückweg kam ich am El Gallo Azul vorbei, ein rundes Gebäude am Kopf einer Häuserzeile im Barockstil mit einer Uhr davor, die statt Zahlen Buchstaben auf dem Zifferblatt hatte.

Es schien ein beliebter Platz zu sein. Einige Leute standen dort und warteten. Zwei Männer schienen sich zufällig zu treffen und unterhielten sich angeregt. Andere schlenderten über den Platz, ohne die Umgebung wahrzunehmen, die sie nur zu gut kannten und die für sie nichts Besonderes mehr war.

El Gallo Azul

Cádiz

Ich fuhr durch die trockene Steppe, wüstenähnlich mit hellen, kargen Stellen, die aussahen, als hätte es lange nicht geregnet. Am Straßenrand hielten sich grüne Strauchbüschel tapfer gegen die Trockenheit. Ein schwarzer Stier aus Metall thronte auf einem kleinen Hügel.

Unterwegs

Nachdem ich das Auto in einem Parkhaus abgestellt und hundert Gebete gesprochen hatte, dass ich es wiederfinden würde, betrat ich den Rathausplatz von Cádiz, die Plaza de San Juan de Dios. Ich schaute mich um und sah ein halbes Dutzend Sehenswürdigkeiten auf einmal, während Segismundo Moret stolz auf mich herabblickte.

Obwohl die Temperatur inzwischen auf über 20 Grad gestiegen war, trugen die Menschen winterlich warme Kleidung.

Plaza de San Juan de Dios

Der Ort hat mich überwältigt, nicht nur der Rathausplatz war wunderschön hergerichtet. In der ganzen Stadt waren die Häuser sehr gepflegt, alte Straßenlaternen aus schwarzem Gusseisen und Gebäude mit Säulen aus dem Barock.

Ich kam an der Kathedrale an, die perlmuttweiß in der Sonne glänzte. Rechts und links ragten zwei

Türme empor, in der Mitte die Front mit einer konka-
ven Einbuchtung und wunderschönen Verzierungen.
Eine goldgelbe Kuppel fiel mir zuerst gar nicht auf,
bis ich zwischen die Türme trat und sie mir, von der
Sonne angestrahlt, ins Auge fiel.

Auch von innen war dieses Bauwerk beeindru-
ckend. Eines der Highlights war eine auf Säulen ru-
hende Kuppel, in der eine Statue unter einer Krone
stand. Davor waren zu beiden Seiten zwei Frauenfi-
guren in goldenen Gewändern, die schützend Kruzi-
fixe hielten.

Kathedrale von Cádiz

Ich ließ mich von der Magie dieses Ortes gefangen
nehmen. Es war einer dieser Momente, die ich für immer festhalten wollte. Ich saugte alle Eindrücke in

mich auf, atmete tief ein, um den feuchten, steinigen Geruch der alten Gemäuer zu riechen.

Nichts ließ ich aus, alles wollte ich sehen, von den Ornamenten über die Gemälde bis hin zu den Statuen. Überall in der Kathedrale gab es etwas zu entdecken. Ich ließ auch die Kellergrüfte nicht aus, in denen einige Persönlichkeiten der Stadt begraben sind.

Beim Hinausgehen nahm ich ein paar Münzen und steckte sie einem Bettler, der am Eingang kauerte, in die Schachtel, was er mit Dankbarkeit honorierte.

Uferstraße

Die Straßen waren inzwischen voller Menschen, nur wenige Touristen waren zu sehen. Ich ging zum Meer, wo sich die Häuser in der Novembersonne wie eine Filmkulisse aneinanderreihten. Die Kathedrale war der Mittelpunkt von allem.

In einem Einkaufsviertel betrat ich spontan ein Lederwarengeschäft, in dem handgefertigte Taschen, Etuis und Gürtel angeboten wurden. Der Verkäufer zeigte mir ein Portemonnaie und andere Ausstellungsstücke. Er fragte mich, woher ich käme und wie das Wetter in Deutschland sei. Es folgte ein wenig Small Talk mit freundlichen Worten über unsere jeweilige Herkunft. Schließlich entschied ich mich für das Portemonnaie und freute mich über das handgemachte Schnäppchen und der Verkäufer über ein gutes Geschäft.

Über Umwege ging ich zurück zum Auto, genoss das Flair dieses Ortes und ließ mich von der milden spanischen Sonne verwöhnen.

Arcos

Auf dem Weg zum weißen Dorf hielt ich an einer Tankstelle. Sie lag einsam in der Steppe, weit und breit nichts. Es war wie in einem amerikanischen Thriller, wenn der Massenmörder an der einsamen Tankstelle hält und den Pächter wegen einer Schachtel Zigaretten killt. Kaum hatte ich den Wagen an der Zapfsäule abgestellt, kam der Tankwächter angelaufen und machte sich am Tankdeckel zu schaffen. Als ich ausstieg, verstand ich kein Wort von dem, was er zu mir sagte. Nach einigem Hin und Her begriff ich aber, was er meinte und sagte lachend: »Completo«.

Er musste auch lachen und füllte den Tank.

Wie eine Oase tauchte das weiße Dorf in der andalusischen Wüste auf. Oben auf einem Hügel erhob sich eine Burg, die schützend über dem Ort lag.

Die Häuser in Arcor waren strahlend weiß, als wäre das ganze Dorf gesegnet, fernab jeglicher Abgründe. Die Straßen waren wie leer gefegt. Die wenigen Menschen, denen ich auf den Straßen begegnete, waren in einem Alter, das auf Lebenserfahrung schließen ließ. Aus den Augenwinkeln wurde ich schweigend beobachtet. Überhaupt schienen die Menschen nicht viel zu reden, stumm verrichteten sie ihre Tätigkeiten. Vor einem Haus saßen zwei Männer und spielten Schach. Mit einer stoischen Gelassenheit betrachteten sie das Schachbrett, ohne ein Wort zu sagen. Einer der Männer rauchte eine Pfeife, deren Rauchschwaden sich wie ein sanfter Nebel über die Straße ausbreiteten.

Das weiße Dorf

Der Asphalt der Straße war makellos glatt. Ein Gehweg, der zwei Häuserreihen voneinander trennte, war mit roten Bodenplatten verziert. Die Fenster der Häuser waren mit schwerem Stahl vergittert.

Ich fragte mich, wie es wohl wäre, in dieser Idylle zu leben. Alles schien so friedlich und unbeschwert. Vielleicht war es aber auch nur eine Hülle, die ich wahrnahm, hinter der sich die gleichen Abgründe verbargen, wie an so vielen Orten der Welt.

Als ich durch eines der Fenster blickte, sah mich eine alte Frau an. Sie war klein und hatte ein dunkles, von tiefen Falten durchzogenes Gesicht. Ihre dunklen Augen lagen tief in den Höhlen. Sie sah mich regungslos an. Ich lächelte und nickte, woraufhin sich ihre Mundwinkel ein paar Millimeter nach oben bewegten. Ansonsten regte sich nichts in ihrem Gesicht, ihre Augen sahen mich nur an, ohne dass ich eine Stimmung daraus ablesen konnte.

Ich lief noch eine Weile zwischen den Häusern umher, die Sonne brannte jetzt fast sommerlich, das Hemd klebte am Rücken. Irgendwann wurde es mir zu heiß und ich ging zurück zum Auto, schaltete die Klimaanlage ein und setzte meinen Weg nach Sevilla fort, der mich abseits der Autobahn über die Landstraße führte.

Sevilla

Aufgewacht bin ich in einem Business-Hotel etwas außerhalb des Stadtzentrums, wo ich zu einem fairen Preis untergekommen bin.

Ich hatte mir vorgenommen, die Stadt spontan und ohne Planung zu Fuß zu erkunden. Nach dem Frühstück machte ich mich gegen 09:30 Uhr auf den Weg ins Zentrum. Es war bitterkalt an diesem Morgen, das war ich gar nicht mehr gewohnt. Drei Kilometer lagen vor mir, vorsichtshalber wechselte ich die Straßenseite, wo die Sonnenstrahlen bereits warm hinfielen.

In einer Shopping-Mall machte ich eine Pause, um mich aufzuwärmen und einen Kaffee zu trinken. Es war erstaunlich, wie sehr sich die Malls überall auf der Welt ähnelten. Die moderne Mischung aus hellem Licht, Glas und glatten Böden. Es waren die gleichen Auslagen in den Schaufenstern, dieselben Marken und die gleichen Verkaufsstrategien wie zu Hause. Ich fragte mich, wenn alle Marken schon überall alles verkauften, woher dann noch weiteres Wachstum kommen sollte.

Ich setzte meinen Weg in die Innenstadt fort, beachtete nicht die Schilder, die in eine andere Richtung zeigten, und zu meinem eigenen Erstaunen behielt ich Recht. Trotz einiger Verzögerungen in der Shopping-Mall und einem weiteren Kaufhaus erreichte ich die Altstadt recht zügig.

Unterwegs in Sevilla

Da es noch früh war und noch nicht so richtig warm, beschloss ich, ins Flamenco-Museum zu gehen, das ich zufällig entdeckte. Mir gefiel der Flamenco, das schnelle, rhythmische Gitarrenspiel und der kraftvolle, stolze Tanz. Ich sah mir einige Multimediavorführungen an, die einiges über die Geschichte des Flamenco und seinen Einfluss auf die Menschen in Andalusien zeigten. Dann sah ich mir in weiteren Räumen die Exponate der Tänzerinnen und Tänzer sowie eine Kunstgalerie an. Die Kleider der Tänzerinnen waren kunstvoll gestaltet, mit weiten

Röcken, die in mehreren Lagen in Falten genäht waren, um beim Hüftschwung besser umherfliegen zu können.

Ich verließ das Museum und stand nach wenigen Metern vor der Kathedrale. Als ich eintrat, staunte ich über die enorme Größe und wunderte mich, dass ich noch nie etwas von diesem unglaublichen Bauwerk gehört hatte. Ich hörte immer nur von zwei oder drei berühmten Kathedralen, aber von den Meisterwerken in Cádiz und Sevilla hatte ich noch nie etwas mitbekommen.

Kathedrale

Es gab viel zu sehen, einige Altäre mit aufwendigen Schnitzereien, Verzierungen und Fresken. Es gab auch schöne Gemälde, die ich lange betrachtete.

Besonders beeindruckt hat mich ein Bild, auf dem ein alter Mann auf dem Boden kauerte und seine Hand flehend ausstreckte. In der Mitte des Bildes war ein Engel im hellen Licht, mit einem roten Tuch behangen, und blickte den Mann milde an. Ich verbrachte etwa 90 Minuten dort, schaute mir manches zweimal an, einfach weil es mir gefiel. Anschließend stieg ich auf den Turm und machte ein paar Fotos von der Skyline über den Dächern von Sevilla.

Nicht weit von der Altstadt entfernt war die Plaza de España, ein großer halbrunder Platz, durch den ein Kanal floss, der ebenfalls halbrund war. Die Sonne schien inzwischen kräftig und ich setzte mich auf eine der vielen Steinbänke, die mit bunten Keramikmustern verziert waren.

Plaza de España

Während ich meine Füße in Richtung eines Springbrunnens ausstreckte, beobachtete ich die Menschen auf dem Platz. Das Durchschnittsalter war deutlich niedriger als in Arcos oder Jerez. Es schienen Studenten zu sein, die hier chillten und es sich gut gehen ließen. Die meisten waren Pärchen, die wie frisch verliebt eng beieinander saßen. Ein paar Meter von mir entfernt pikste gerade ein junger Mann seine Freundin in die Seite, die aufschrie und ihn lachend in den Arm kniff, woraufhin er sie durchkitzelte.

Ich betrachtete meine ausgelatschten Joggingschuhe und stellte fest, dass ich an nichts dachte. Ich glaubte immer, dass man immer denken muss, weil es ohne irgendwie nicht geht. Aber nein, es schien zu gehen. Ich dachte und dachte nicht, so als könnte ich es kontrollieren. Ich dachte überhaupt nicht an zu Hause, an die Arbeit, an das, was ich zu erledigen hatte. Ich dachte nicht einmal an den nächsten Tag oder was ich direkt nach diesem Moment tun wollte. Ich saß einfach in der Sonne und nahm alles wahr.

Während ich so ruhig dasaß, spürte ich, wie sehr meine Knochen schmerzten. Unter meiner linken Ferse hatte sich eine Blase gebildet, was mich aber nicht weiter störte. Ich fühlte mich gut.

Durch den Parque de María Luisa, der an den spanischen Park angrenzte, kam ich am Museum of Popular Arts vorbei, das sich malerisch in einem See spiegelte. Von dort ging es quer durch den Park zum

Alcázar, wo ich mir noch eine Eintrittskarte kaufte, obwohl es schon ziemlich spät war.

Der Eingang führte durch eine dicke Mauer mit zwei Türmen, wie bei einer Burg. Im Inneren gab es Freiflächen, die von kunstvollen Mauern mit filigranen Verzierungen und schmalen Säulen umgeben waren. In den mittelalterlich anmutenden Räumen hingen riesige Gemälde, die dezent ausgeleuchtet waren.

Alcázar

Draußen im Garten hatten sich einige Künstler aufgehalten, die vor ihren halb fertigen Bildern standen. Einer der Maler trug ein mit Farbe bekleckertes Hemd, das ihm halb aus der Hose hing. Er war in sein Bild vertieft und malte mit schwungvollen

Bewegungen einen Baum, der vor ihm stand. Unter der Staffelei lag ein zusammengefaltetes Bild, achtlos hingeworfen.

In der tief stehenden Sonne führte mich mein Weg hinunter zum Fluss. Vorbei am berühmten Torre del Oro, einem alten Wachturm, der zum Wahrzeichen Sevillas geworden ist, schlenderte ich im warmen Sonnenlicht am Fluss entlang.

Ich setzte mich an das Flussufer, wie es hier viele taten, und betrachtete die bunten Häuser, die sich farbenfroh im Wasser spiegelten. Die Sonne ging langsam hinter einer Kirchturmspitze unter, die letzten Strahlen spiegelten sich glänzend auf der Wasseroberfläche.

Am Fluss

Wie zuvor auf dem spanischen Platz waren auch hier viele Paare zu sehen, die zusammen in der Abendsonne saßen. Ich fragte mich, warum man bei Paris von der Stadt der Liebe spricht, obwohl hier ungleich mehr Liebespaare zu sehen waren.

Die Sonne verschwand, und wo eben noch ein goldgelber Himmel zu sehen war, wurde es nun schwarz. Nach und nach gingen die Lichter hinter den Fenstern an und bildeten ein Lichtermeer, das sich durch die Sterne am Himmel fortsetzte.

Ich setzte meinen Weg in Richtung Zentrum fort, schlenderte durch das Einkaufsviertel und suchte nach einem Restaurant, um zu Abend zu essen. Ich wurde schnell fündig und bestellte auf Empfehlung des Kellners das Tagesmenü.

Auf dem anschließenden Weg zum Taxi begegnete mir eine Spanierin mit stolzer, aufrechter Haltung. Sie schaute mir in die Augen, wie es nur wenige Menschen tun. Ich sah weg, dann wieder zu ihr, und sie schaute mir weiterhin in die Augen, noch intensiver. Als wir aneinander vorbeigingen, drehte ich mich um und sah, wie sie sich ebenfalls umdrehte, um mir einen letzten Blick aus den Augenwinkeln zuzuwerfen.

Zufrieden fuhr ich zurück ins Hotel, um dort den Abend entspannt ausklingen zu lassen und das Hotel für die nächste Nacht zu buchen.

Córdoba

Bevor ich weiterfuhr, gönnte ich mir noch ein Frühstück im Hotel. Beim Buffet hatten sie gut aufgefahren, es gab von allem mehr als genug. Die Auswahl war nicht ohne Grund so reichhaltig. Das Hotel beherbergte eine große Gruppe von Jugendlichen, die ebenfalls zum Frühstück erwartet wurden und von denen sich die Ersten schon in der Lobby tummelten. Als die Jugendlichen eintrafen, war ich sehr erleichtert über ihr gutes Benehmen. Kein Lärm, kein Gedränge, alle waren ruhig und entspannt. Sie hatten die Lockerheit der Andalusier angenommen.

Die Weiterfahrt verlief ohne Komplikationen. Ich fand sofort die Ausfahrt Richtung Córdoba und fuhr in meinem Schleichtempo die Straße entlang, die sich durch die Steppe schlängelte, wie eine Viper in der Wüste. Es war unglaublich, wie schön die Wüste sein kann.

In Córdoba angekommen, konnte ich das Hotel nicht finden bzw. erkannte es nicht als meins und landete zufällig auf einem Parkplatz, wo ich das erste Mal einen Blick auf die Mezquita-Kathedrale erhaschte. Sie wirkte äußerst imposant, sodass sich bereits eine Menge Vorfreude in mir breitmachte. Ich suchte weiter nach dem Hotel und als ich jemanden fragte, löste sich der Knoten und ich merkte, dass ich fast da war.

Ich checkte ein und freute mich über das erste Vier-Sterne-Hotel auf dieser Reise, was zumindest in die Nähe der Sterne kam.

Zügig machte ich mich frisch und ging zu Fuß zur Kathedrale. Auch hier überwältigte mich die Größe und Erhabenheit des Gebäudes, das ich mit der entsprechenden Demut betrat. Im Inneren war ich ebenfalls fasziniert, auch wenn ich nicht ganz den Spirit von Cádiz oder Sevilla wiederfand.

Die unzähligen rot-weiß gestreiften Rundbögen auf den Säulen, die in mathematischer Gleichmäßigkeit über das Gebäude verteilt standen, waren ein Blickfang.

Nirgendwo fand ich die verschiedenen Religionen so vereint wie in dieser Kathedrale, und das hat mich sehr berührt.

Ich fragte mich, wie es wohl wäre, wenn die Menschen der verschiedenen Glaubensrichtungen hier gemeinsam beten würden. Der Gedanke gefiel mir, auch wenn ich es wohl nicht mehr erleben würde.

Durch die Altstadt setzte ich meinen Weg ins Zentrum fort. Durch enge Gassen ging ich inmitten der alten Gemäuer, um dann auf einen mir unbekannten

Platz herauszukommen, wo sich ein monumentales Gebäude vor mir auftürmte.

Mezquita in Córdoba

Nach einem Kaffee und ein Stück Kuchen, was ich mir mittags bei einem Zwischenstopp gönnte, verlief ich mich dann mehrmals. Ich lernte, wie es sich anfühlt, mit vollster Überzeugung geradeaus zu gehen und dann doch im Kreis gelaufen zu sein.

Irgendwann machte sich der Kaffee bemerkbar und ich musste realisieren, dass weit und breit keine Toilette zu finden war. So kämpfte ich mich im schnellen Schritt zurück zum Hotel, wo ich mich auch gleich für den Abend fertig machte. Ich spürte, wie sich die Fußmärsche in meinem Körper bemerkbar machten. Mit neuen Schuhen tat die Blase zwar nicht mehr so weh, dafür aber alles andere. Mein Körper fühlte sich ziemlich geschunden an, aber ich bekam nicht genug und wollte alles erkunden.

Nun stand ein Besuch im Alcázar an, wovon ich schon viel gehört hatte. Es war ein Gebäude mit alten Mauern, in denen viel Geschichte steckte. Vom Turm aus hatte ich einen tollen Blick über die Stadt und auch die römische Brücke ließ sich von dort super fotografieren. Einige Teile des Gebäudes waren verfallen und sahen aus wie Ruinen, aber sie interessierten mich trotzdem wegen ihrer Geschichte.

Danach spazierte ich noch durch die Gärten, die sehr nett gestaltet waren, mit künstlichen Wasserstellen und viel gepflegtem Grün.

Römische Brücke

Von dort verschlug es mich ins jüdische Viertel, wo ich ein weiteres Mal komplett die Orientierung verlor. Ich suchte mir schließlich ein Restaurant, um meinen müden Knochen eine Pause zu können. Ich aß einen Salat, ein Kartoffel-Omelette und einen Topf mit gebratenem Hühnerfleisch.

Jüdisches Viertel

Als ich das Restaurant verließ, war es bereits dunkel. Ich ging durch die schmalen Gassen aus Kopfsteinpflaster zur römischen Brücke, die ebenso wie die umliegenden Gebäude in warmes, gelbes Licht getaucht war.

Anschließend machte ich mich auf den Rückweg zum Hotel, um meine Beine auszustrecken.

Altstadt

Granada

Auf der Fahrt nach Granada führte die Autobahn entlang der Berge. Die Wüstenlandschaft wechselte sich mit Bergmassiven ab, die Steigungen verlangten dem Auto einiges ab. Kurz vor Granada tauchten hinter der Stadt große schneebedeckte Berge auf. Der Kontrast war so stark, dass ich für einen Moment daran zweifelte, noch in Spanien zu sein.

Die Stadt wirkte alt und abgewohnt, als wäre seit langer Zeit nichts mehr gemacht worden. In der Mitte der großen Durchgangsstraße verlief eine Schnellstraße, deren Verlauf mich zu einigen waghalsigen Spurwechseln zwang. Das Hotel fand ich dann schließlich ohne nennenswerte Umwege.

Nach dem Einchecken begab ich mich auf den Weg zur Alhambra. Das Viertel wirkte wie ein Ghetto, allerdings schien die ganze Stadt arm zu sein. Nirgendwo in Spanien hatte ich so viele Bettler gesehen wie hier.

Die Alhambra befand sich auf einem Berg, der zwar einige Steigungen hatte, aber im Vergleich zu Gibraltar harmlos war. Die Geschichte des

Fürstenpalastes war sehr interessant, der Islam war allgegenwärtig. Viele Gebäude waren Ruinen und es gab viele schöne Gärten, die liebevoll gepflegt wurden. Auf der Spitze der Alhambra konnte ich die ganze Stadt überblicken. Der Ausblick über die Stadt mit den Bergen dahinter gefiel mir. Leider wurde das Wetter etwas ungemütlich, die Wolken wurden immer dichter.

Blick auf die Stadt aus der Alhambra

Den Rundgang machte ich mit einem elektronischen Audioguide, der mich mit so vielen Informationen flutete, dass ich mir nur einen Bruchteil merken konnte.

Die Palacios Nazaríes waren so etwas wie das Herzstück der Anlage und der Ort, an dem sich früher die Machthaber aufhielten. Der Boden und die Säulen waren aus weißem Marmor, was so edel war, dass ich mir dort nichts anderes vorstellen konnte als große Herrscher.

Löwenhof

Dann kam ich am El Partal vorbei, der sich märchenhaft im glatten Wasser spiegelte. So gelangte ich von einem Highlight zum Nächsten und war überwältigt von der Schönheit, die mich umgab.

Zu guter Letzt lief ich zu den Gärten und durch einige Bereiche, von denen nur noch Ruinen übrig waren, bis ich wieder hinunter in die Stadt ging.

Auf dem Weg ins Zentrum kam ich durch das Viertel Albaicín, das orientalisch angehaucht war.

Dieser Eindruck verstärkte sich, als ich zur Kathedrale kam und durch die Gassen mit den vielen kleinen orientalischen Läden schlenderte.

El Partal

Dann besichtigte ich die Kathedrale, die mich allerdings nach den Hammerbauten in den anderen Städten nicht mehr beeindrucken konnte. Das wäre sicher anders gewesen, wenn ich die Tour anders herum gemacht hätte.

Nicht weit von der Kathedrale hatte ich wieder Glück und fand ein nettes spanisches Restaurant, in dem ich Salat und Lasagne aß. Dazu gab es einen köstlichen Rioja aus Granada.

Eine junge Frau kam mit einem älteren Mann in das Restaurant, der ihr Großvater zu sein schien. Sie sah sexy und zugleich gebildet aus. Eine lila Strumpfhose und ein karierter Rock zierten ihre schlanken Beine. Dazu trug sie ein violettes T-Shirt und eine Brille mit großem Gestell.

Sie unterhielt sich mit einer solchen Hingabe und Aufmerksamkeit, dass es mich rührte. Ich musste sie ständig beobachten, was sie bemerkte und mich aus den Augenwinkeln musterte.

Ich lauschte ihren spanischen Worten, ohne mir Gedanken über den Inhalt zu machen. Die Worte klangen wie Musik in meinen Ohren, die ich genoss, wie ein Symphoniekonzert in der Oper, während ich genüsslich meinen Rioja trank.

Ich fragte mich, was es war, dass mich so zufrieden machte. War es die übliche Urlaubsstimmung, die Beschäftigung oder einfach die Anstrengung? Vielleicht nichts von alledem. Vielleicht waren es die Eindrücke und die Lebensart der Menschen in diesem wunderbaren Land.

Málaga

In der Ferne wurden die Berge kleiner, die Landschaft glich jetzt wieder einer Steppe. Ich fuhr an Feldern mit Olivenbäumen vorbei, die wie grüne Büschel aus dem trockenen Boden herauswuchsen.

Unterwegs nach Málaga

Ich war noch gar nicht richtig in der Stadt angekommen, da hasste ich diesen Ort schon ... Eigentlich hasste ich mein Navi, das mir nicht klar sagen konnte, wie ich zu dem verdammten Hotel kommen sollte, so verpasste ich die Straße gefühlte hundert Mal.

Irgendwann schaffte ich es dann doch, checkte ein und erkundete die Stadt.

Im Gegensatz zu Granada hatte ich das Gefühl, dass in Malaga mehr investiert wurde. Die Stadt wurde für die Touristen ordentlich herausgeputzt. Die Straßen und Gehwege waren in einem guten Zustand, die Plätze wurden hübsch hergerichtet.

Als Erstes ging ich zur Burg Gibralfaro, die oberhalb der Stadt lag, um mir einen Überblick zu verschaffen. Der Aufstieg war im Vergleich zu den bisherigen Fußmärschen ein Leichtes und schnell war ich oben auf dem Aussichtspunkt. Von dort aus konnte ich die ganze Stadt überblicken, inmitten der Wohnhäuser ragte die Stierkampfarena wie ein Monument heraus.

Blick vom Aussichtspunkt

Nach dem Abstieg kam ich am römischen Theater vorbei, von dem nicht mehr viel übrig war. Es war ein netter Ort, um eine Pause zu machen, was ich auch tat. Ich setzte mich in die Sonne, die jetzt wieder wesentlich stärker war.

Vor dem Theater wurde die Flaniermeile neu gepflastert. Die Arbeiter waren von kräftiger Statur, bewegten sich ohne Eile, als würden sie sich, der starken Sonne bewusst, ihre Kräfte gut einteilen wollen. Der Untergrund war mit glattem Sand vorbereitet, einer der Arbeiter kniete davor, legte Stein auf Stein und fixierte sie mit einem Gummihammer. Zwei weitere Kollegen legten die Steine bereit und unterhielten sich mit ausladenden Gesten. Der Arbeiter, der die Steine legte, beteiligte sich an der Unterhaltung, gab hin und wieder einen Kommentar ab, ohne von seiner Arbeit aufzusehen.

Danach ging ich in die Altstadt, die mir gut gefiel. Alles war schön hergerichtet, die Gehwege waren neu gepflastert, die Wände gestrichen. Der Ort machte den Eindruck, als wäre das Geld hier zu Hause.

Die Kathedrale war auch in dieser Stadt imposant, sie war fast so groß wie in Sevilla. Sie war wunderschön und auch wie in den anderen Kathedralen gab es schöne Bilder und Statuen zu sehen.

In Málaga lagen alle Sehenswürdigkeiten recht nah beieinander, sodass ich trotz einiger Pausen in ein paar Stunden alles erkundet hatte. Ganz so geflasht wie an den anderen Orten war ich nicht, dafür hatte ich schon zu viele wunderbare Eindrücke gewonnen, die nur schwer zu toppen waren.

Da es noch nicht allzu spät war, beschloss ich, noch das Picasso-Museum zu besuchen. Die Exponate empfand ich als so kontrastreich, wie ich es selten bei einem Museumsbesuch erlebt habe.

Von impressionistischen Gemälden über den Kubismus bis hin zu skizzenhaften Zeichnungen, die nur aus wenigen Strichen bestanden. Dahinter hätte ich niemals einen Meister vermutet, wenn es nicht auf dem Schild daneben zu lesen gewesen wäre.

Stadtpark

Zum Abschluss ging ich noch in den Stadtpark, der parallel zum Hafen verlief und toll gestaltet war. Hier habe ich eine weitere Pause gemacht und noch ein wenig die angenehme Ruhe genossen, bevor ich ins Hotel gefahren bin, um mich auszuruhen.

Am späten Nachmittag verschlug es mich zum Hafen. Ich schlenderte die Promenade entlang, wo der Jetset zu Hause war. Teure Jachten hatten angelegt, feine Leute saßen in den Bars in der Sonne. Funkelnde Luxusuhren trugen sie an den Handgelenken, dicke Goldketten stachen durch die weit geöffneten Hemden aufdringlich ins Auge.

Ich schlenderte über diese Wohlfühlmeile und beobachtete, wie die Sonne hinter den Bergen Málagas versank.

Am Hafen

Nach Sonnenuntergang ging ich wieder ins Zentrum, um mir ein Restaurant zu suchen. Die Straßen quollen über vor Menschen. Es war der erste Tag, an dem die Weihnachtsbeleuchtung eingeschaltet werden sollte. Die Menschen strömten auf die Straßen, um das Spektakel mitzuerleben. Familien standen zusammen und fieberten dem Augenblick entgegen, auf den sie schon lange sehnsüchtig gewartet zu haben schienen. Die Stimmung war so feierlich wie an Silvester kurz vor Mitternacht.

Als die Beleuchtung schließlich anging, wurden unzählige Handys in die Luft gehalten, um den Moment festzuhalten.

Als Restaurant habe ich mir diesmal einen Italiener ausgesucht, da es das einzige Restaurant war, in dem an diesem Abend noch Plätze frei waren. Ich machte es mir im Außenbereich mit Blick auf die Fußgängerzone gemütlich und bestellte eine Pizza und ein frisch gezapftes spanisches Bier. Nicht ohne Scham stellte ich fest, dass mir diese italienische Pizza verdammt gut geschmeckt hatte.

Ich beobachtete die Menschen auf der Straße, die unglaublich glücklich wirkten. Auch wenn es nur eine Weihnachtsbeleuchtung war, die noch ein paar Wochen zu sehen sein würde, war die Fähigkeit, sich über ein solches Ereignis zu freuen, beneidenswert. Strahlende Kinderaugen, glückliche Mütter, zufriedene Väter.

Zufrieden trank ich mein Bier und sah zu, wie die Menschen fröhlich den Abend verbrachten.

Abends im Zentrum

Gibraltar

Am Morgen entschloss ich mich, noch einmal nach Gibraltar zu fahren. Die Entscheidung fiel mir nicht schwer, da ich in Málaga schon alles gesehen hatte, was mich interessierte.

Auch dieser Tag begann mit herrlichem Wetter. Ich fuhr entspannt über die leere Autobahn, wie schon eine Woche zuvor. Ich fragte mich, ob es ein Fehler war, noch einmal dorthin zu fahren und ob ich es hinterher bereuen würde, wenn ich nicht den Zauber wie beim ersten Mal finden würde. Doch die Zweifel verflogen schnell, als ich den Felsen in der Ferne wiedersah.

Ich wählte denselben Parkplatz wie beim ersten Mal, nahm meinen Rucksack und machte mich auf den Weg. Diesmal ging ich nicht in Richtung Serpentinstraße, sondern lief die Mainstreet bis zum Ende.

Meinem Gefühl folgend, ging ich einfach geradeaus und kam am View Point an, wo ich den Ausblick auf Marokko hatte. Ich schaute auf das glitzernde Meer und nahm das Panorama dankbar in mich auf.

Dann suchte ich die mediterrane Treppe, denn diesmal wollte ich den Weg in umgekehrter Richtung gehen. Ich folgte einem steinigen Pfad, der sich an den Felsen hinauf schlängelte, und blickte immer wieder auf die sanften Wellen in der Meerenge zwischen Spanien und Marokko.

Mediterraner Weg nach oben

Dann kamen die ersten Stufen, die ich ohne Probleme erklomm. Gemächlich ging ich aufwärts, widmete meine Aufmerksamkeit der Natur.

Die Stufen führten nun direkt am Felsen entlang und ich folgte ihnen weiter. Zwischendurch legte ich kleine Verschnaufpausen ein, um durchzuatmen, und kam dann ohne Schwierigkeiten oben an. Mein Hemd war völlig nassgeschwitzt, sodass sich der leichte Wind, der dort oben wehte, erfrischend anfühlte.

Als ich die Straße hinabging, kam mir ein Radfahrer entgegen, der 50 Meter vor dem Ziel anhielt, er konnte offensichtlich nicht mehr. Hätte er gesehen, dass das Ziel so nah war, wären die Strapazen vermutlich erträglich gewesen und er hätte durchgehalten.

Eine Joggerin hat etwa 200 Meter vor dem Ziel aufgegeben und den Lauf abgebrochen.

Die Athleten taten mir leid, sie haben nur aufgegeben, weil sie nicht wussten, wie nahe sie dem Ziel waren. Die Ungewissheit über das, was sie nicht wussten, hat sie zum Aufgeben bewogen.

Blick auf Marokko

Diesmal waren wesentlich mehr Touristen da, und dementsprechend hatte sich auch die Anzahl der

Affen erhöht. Ein junges Pärchen stand vor einem jungen Affen, der offensichtlich spielen wollte und an dem Mann hochkletterte. Der Mann schien erschrocken und verunsichert, reagierte aber sehr tapfer und ruhig, als ein anderer Affe mich fixierte, beachtete ich ihn nicht weiter und setzte meinen Weg fort.

Leider war das noch nicht alles. Als ich über eine schmale Treppe musste, saß genau in der Mitte ein ausgewachsener Affe. Ich wartete einen Moment, doch er rührte sich nicht. Dann ging ich mit langsamen Schritten an ihm vorbei. Er beobachtete mich genau, schaute auf mein Bein, das ich nur wenige Zentimeter an ihm vorbeischob, ließ mich aber zu meiner großen Erleichterung durch.

Ich passierte die Seilbahnstation, ohne mich länger dort aufzuhalten, und ging weiter in Richtung des vorderen Aussichtspunktes. Dann schlenderte ich gemütlich die Straße hinunter.

Wieder auf der Mainstreet angekommen, ging ich hinunter zum Grand Casemates Square und aß eine Portion Fish and Chips.

Glücklich mit mir und der Welt trat ich die Rückreise nach Málaga an, um dort meinen letzten Abend zu verbringen.

Málaga

Nach einem Spaziergang am Hafen ging ich in das Zentrum und fand ziemlich schnell ein nettes spanisches Lokal. Ich bestellte einige Tapas und trank dazu Rioja.

Blick vom Anleger am Abend

Der Kellner war freundlich und gut gelaunt. Er war weltgewandt und sprach sogar ziemlich gut Deutsch. Als ich mit dem Essen fertig war, schenkte er mir einen Likör ein und wir unterhielten uns ein wenig. Er war neugierig, wollte wissen, woher ich komme und erzählte mir einiges über Andalusien, die Geschichte und die Entwicklung der Region. Unter der Franco-Diktatur haben viele Menschen gelitten, aber nicht alle sind darüber einer Meinung, was bis heute zu Spaltungen führt. Als er mir erzählte, dass die Todesstrafe erst 1978 abgeschafft wurde, war ich ziemlich verblüfft.

Nicht ohne Stolz beschrieb er mir die wirtschaftliche Entwicklung und den damit verbundenen Wohlstand, der auch dem Tourismus zu verdanken ist.

Er gab mir noch einige Ausflugstipps, für die es allerdings zu spät war. Ich machte mir trotzdem ein paar Notizen, da ich mir sicher war, dass ich hierher zurückkehren würde.

Anschließend machte ich meinen letzten Spaziergang durch die weihnachtlich beleuchteten Einkaufsstraßen. Ich dachte darüber nach, wie ich mich vor einer Woche gefühlt hatte und wie es mir jetzt ging. Zufrieden stellte ich fest, dass sich die Reise mehr als gelohnt hatte. Ich fühlte mich gut und allen Herausforderungen gewachsen. Das Land hat mir das Gefühl gegeben, dass am Ende immer alles gut wird, wenn man nur durchhält. Und wenn man sich mal verirrt, ist das auch nicht weiter schlimm, denn irgendwie kommt man am Ende immer an.

Hotelinfos

Gebucht habe ich alle Hotels über HRS. Eine gute Alternative mit ähnlichen Preisen ist Booking.com.

Marbella
Puerto Azul Aparthotel, 45 €/Nacht
Einfaches Strandhotel in guter Lage

Jerez
Nova Centro, 23 €/Nacht
Zweckmäßiges Hotel, Garage kostenlos dabei, Lage ist ok. Dickes Lob für das nette Personal.

Sevilla
Catalonia Hispalis, 35 €/Nacht
Solides Mittelklassehotel, überwiegend mit Geschäftsreisenden. In das Zentrum ist es recht weit, dafür ist der Preis sehr gut.

Cordoba
Eurostars Ciudad de Córdoba, 42 €/Nacht
Das beste Hotel auf der Reise. Gute Lage, gehobene Mittelklasse.

Granada

Vita San Anton, 28 €/Nacht

Mittelklassehotel mit tollem Ausblick. Lage ist gut, super Preisleistungsverhältnis.

Malaga

Don Curro, 54 €/Nacht

Das teuerste und unkomfortabelste Hotel, mit sehr einfachem Zimmer. Die Lage war allerdings ausgezeichnet.